La folie des nations sur la planète Mars et ses terribles conséquences

Une combinaison de plaisir et de sagesse

James Howard Calisch

Writat

Cette édition parue en 2023

ISBN : 9789359254470

Publié par
Writat
email : info@writat.com

Selon les informations que nous détenons, ce livre est dans le domaine public.
Ce livre est la reproduction d'un ouvrage historique important. Alpha Editions
utilise la meilleure technologie pour reproduire un travail historique de la même
manière qu'il a été publié pour la première fois afin de préserver son caractère
original. Toute marque ou numéro vu est laissé intentionnellement pour préserver
sa vraie forme.

LA MANIE DES NATIONS
SUR LA PLANÈTE MARS

Il y a plusieurs millions de siècles, lorsque le globe céleste sur lequel nous vivons et luttons a commencé à sortir de l'habitude de l'air chaud et a commencé à se refroidir et à reprendre ses esprits, une énorme masse de matière semblable à un sirop s'est affaissée vers l'extrémité inférieure. de la boule de refroidissement et, après un refroidissement ultérieur, a formé un haut promontoire à ce que nous appelons aujourd'hui le pôle Sud. En conséquence , nous y trouvons maintenant un plateau d'une élévation dépassant de loin en hauteur les plus hautes montagnes trouvées ailleurs sur notre vénérable globe.

Vous pouvez imaginer si vous le pouvez à quel point il doit faire froid là-bas. Le pôle Nord est censé être suffisamment frais pour quiconque déteste dormir dans une chambre surchauffée ; mais il s'est avéré qu'il s'agit d'une dépression dans la croûte terrestre remplie de glace, et par conséquent elle ne s'élève pas bien au-dessus du niveau de la mer, tandis que le pôle Sud, en plus de manquer des rayons perpendiculaires réconfortants du soleil, s'élève en outre si haut dans l'atmosphère. couches afin d'exclure toute possibilité de prévalence d'oiseaux chauds. Les bouteilles froides sont à peu près le seul moyen de jouissance que les touristes assoiffés de divertissement y trouvent à leur disposition.

Le Professeur FANSEE de l' Université Dreemo était un homme courageux. Il a peut-être ressenti une sensation effrayante dans les ombres calmes et mystérieuses de la nuit ; il avait peut-être une peur constante des fantômes et de toutes sortes de bêtes féroces ; il était peut-être perpétuellement impressionné par sa femme à l'air innocente ; mais il faut dire à sa gloire éternelle qu'il n'avait pas du tout peur du froid. On murmure qu'après de nombreuses années de vie conjugale, son affectueuse épouse avait enfin réussi à l'habituer plus ou moins à la frigidité.

Le professeur FANSEE était par ailleurs un expert en astronomie, chimie et électricité. Avec un sourire de dérision , il observait depuis des années les vains efforts de certains scientifiques pour communiquer avec la planète Mars. Il y a bien longtemps, une idée avait mûri dans son cerveau fertile et il savait qu'elle mènerait finalement au but souhaité. Ayant montré que le plus haut plateau de la planète était situé au pôle Sud, il décida de diriger ses rayons Zee depuis ce promontoire frais et calme. À cette fin , il fit construire un énorme globe creux en matériau non conducteur, disposé de telle sorte que les chambres intérieures conserveraient une position verticale pendant que la boule roulerait joyeusement. Grâce à de puissantes batteries de stockage au sein de cette structure puissante, l'appareil a été rendu automoteur. Avec ce véhicule roulant à sa disposition, il n'avait besoin d'aucun navire pour traverser l' océan Antarctique , ni de derricks pour hisser son observatoire globulaire jusqu'au plus haut sommet ; et sans en avertir la presse, sans ostentation comme il convient à un savant sérieux, il arriva un beau matin au point culminant de ce véhicule céleste qu'on appelle la terre.

De cette élévation, il a travaillé assidûment son ingénieux appareil. Pendant six mois, il a tiré jour et nuit avec ses rayons Zee sur les Martiens sans méfiance. Pendant six mois, ses efforts parurent totalement infructueux. Puis, tout à coup, au milieu de la nuit, un léger gémissement se fit entendre dans l'appareil de réception du professeur ; une manifestation de la première indication que son cerveau était réellement devenu un être sain. Pendant deux semaines, à intervalles de vingt minutes, le professeur FANSEE a manipulé avec précaution ses fils tremblants. Puis, enfin, à sa joie et à sa satisfaction sans limites, la première communication en provenance de Mars devint intelligible. A partir de ce moment, il ne fallut que quelques jours pour s'entendre avec les habitants mystiques de notre voisin brumeux ; et un récit intéressant a ainsi été obtenu sur les conditions prévalant sur la planète vraisemblablement infestée de canaux.

Le Professeur FANSEE a malheureusement rendu son dernier soupir avant de regagner son pays natal. Mais j'avais eu l'honneur de lui servir d'assistant et de confident. Et même si, à ma grande déception, le globe dans lequel nous voyageions s'est écrasé sur les rochers lors de son atterrissage sur les côtes de la Nouvelle-Zélande, j'ai eu la chance de nager sain et sauf et de conserver les papiers contenant les intéressantes révélations. Ainsi, grâce au professeur FANSEE et aux bons souvenirs de sa personnalité érudite, je me crois justifié de révéler l'épisode martien à mes semblables terrestres.

La similitude marquée avec les événements survenus dans notre propre empire céleste peut paraître à mes lecteurs comme une singulière coïncidence. Mais selon les astrologues préhistoriques, tous les événements sont contrôlés par la position des étoiles. Et s'ils contrôlent effectivement le cours des événements sur notre Terre, il semble tout à fait naturel qu'ils affectent de la même manière certains des autres membres de notre système solaire.

Tout d'abord, comme le Professeur FANSEE s'est toujours profondément intéressé aux questions de religion, et que ses premières enquêtes portaient par conséquent sur ce sujet de la plus haute importance, il faut constater que depuis dix-huit siècles et demi la religion dominante sur la planète Mars a été la religion de NAZARRO. NAZARRO était un Dieu qui, selon les Martiens, s'est matérialisé sous forme humaine sur la planète Mars. Ce Dieu prêchait un évangile de paix, de maîtrise des passions et de partage égal des richesses.

Ainsi les Roamani et les Heebron , parmi lesquels il vivait, cherchèrent à punir ses agitations révolutionnaires en le pendu à la potence. Ainsi, le signe de la potence devint un signe de sainteté vénéré par les disciples de NAZARRO et l'emblème d'une nouvelle foi. Les membres de la secte religieuse ainsi créée et qui pendant quinze siècles ne cessa de croître en puissance étaient connus sous le nom de Nazarranos .

Vers la fin du XVe siècle (époque de NAZARRO), le courant de la civilisation commença à prendre une direction quelque peu différente. Si les Nazarranos s'étaient limités à diffuser les préceptes de NAZARRO tels quels, pensait notre informateur martien, tous les habitants de Mars auraient reconnu sans faille leur excellence. Mais seuls quelques-uns parmi les Martiens étaient mentalement aussi élevés que l'avait été le Grand Maître Nazarrano . Par conséquent, lorsque les Nazarranos organisèrent une corporation Nazarrano sous la direction personnelle de certains fonctionnaires inférieurs et supérieurs, ces fonctionnaires, soi-disant pour l'honneur de NAZARRO, recoururent souvent à des méthodes que NAZARRO lui-même n'aurait jamais approuvées. Le résultat inévitable fut que certains Martiens commencèrent sérieusement à douter de la supériorité de l'ensemble de la foi nazarrienne .

Pendant ce temps, depuis l'Antiquité jusqu'à cette époque intéressante, l'esprit des Martiens s'était progressivement développé vers une efficacité toujours plus grande ; et il se trouve qu'à cette époque ils commencèrent à étudier les phénomènes de la nature de manière beaucoup plus systématique qu'ils ne l'avaient jamais fait auparavant. En relation avec la foi de Nazarrano , une histoire mystique avait été prêchée sur la création de l'Univers, recueillie à partir des manuscrits de Heebron , et qui faisait croire aux Martiens que Mars était une tranche de terre plate flottant sur l'eau, autour de laquelle le reste de l'Univers majestueusement tourné. Ainsi, lorsqu'un Martien du nom de GALELIAH découvrit que Mars était un globe et que Mars tournait autour du Soleil, et non le Soleil autour de Mars, les responsables de la société Nazarrano s'y opposèrent vigoureusement, car ils voyaient dans sa suggestion les premiers signes d'incrédulité. Malgré l'opposition des autorités nazarranes , diverses sciences commencèrent à se développer dans d'autres directions, jusqu'à ce que les Nazarranes soient contraintes, peu à peu, à changer leur vision de la création. Dans tous les cas, les dignitaires nazarraniens ont exprimé en vain leurs objections avec plus ou moins de véhémence. Enfin, en 1859 EN, surgit un nouveau prophète, portant le nom euphonique de DARVINO. Au pays des Frank- Auliens , autrement connu sous le nom de Fringe, un livre avait déjà été publié par LAMARCKEESO, suggérant que le développement de l'Univers était dû à un processus d'évolution ; et l'intrépide DARVINO gréa un navire pour rechercher des preuves, et publia ces preuves de manière convaincante au cours de ladite année mémorable 1859 FR

À partir de ce moment, une nouvelle foi commença à conquérir l'esprit des Martiens. Pour un grand groupe de scientifiques , l'année 1861 EN est devenue l'année 1 ED (ère de DARVINO). Une nouvelle secte religieuse est née, connue sous le nom de Darvinianos . Et même si une grande majorité des Nazarranos continuaient à professer leur ancienne foi, leurs visions de l'Univers ainsi que leurs conceptions d'une vie convenable étaient néanmoins de plus en plus nettement influencées par les conclusions de Darviniano .

Or, la croyance en des dieux personnels, dont la foi nazarrienne était la dernière excroissance, prévalait sur la planète Mars depuis d'innombrables siècles. L'idée martienne de la moralité avait été enseignée aux jeunes pendant une époque presque illimitée en lien si étroit avec la foi dans les divinités personnelles et semi-humaines, qu'il semblait aux Martiens que cette foi était le roc sur lequel la conduite morale était nécessairement fondée. à fonder. La foi dans la supervision personnelle des Divinités avait pénétré les coutumes et les conceptions morales non seulement des Nazarranos , mais de presque toutes les nations et sectes religieuses martiennes. Il était devenu, selon toute apparence , indissociable de la manière dont les Martiens exprimaient leurs désirs et leurs inclinations émotionnelles. En revanche, les conclusions Darviniano ne contenaient rien de nature émotionnelle. Ils sont issus de l'intellect et ne font appel qu'à l'intellect.

Comme l'année 1859 EN sur Mars correspond exactement à l'année 1859 AD sur Terre, on peut facilement voir qu'à l'époque des relations du professeur FANSEE avec notre planète voisine, la foi darvinienne ne prévalait que depuis un peu plus d'un demi- siècle . Bien entendu, de nouvelles croyances, de nouvelles religions, de nouvelles philosophies ne peuvent pas mûrir complètement en si peu de temps. Ainsi, afin de satisfaire leurs aspirations émotionnelles et leurs désirs moraux, les Martiens ont continué à recourir aux manuscrits de Nazarrano , adoptant entre-temps les vues intellectuelles des Darvinianos et essayant du mieux qu'ils pouvaient d'harmoniser les deux systèmes de pensée. Mais malgré tous leurs efforts, ils se trouvèrent sans cesse confrontés à des contradictions troublantes. Cela engendrait inévitablement un état émotionnel instable, que notre informateur martien semblait en effet profondément déplorer, mais qui - de son avis clairement exprimé - ouvrirait sans aucun doute la voie à une ère renouvelée de stabilité morale et d'aisance mentale, dès que le Darviniano la foi avait été rendue plus complète – et donc plus satisfaisante – par une infusion de l'élément émotionnel.

Après avoir ainsi exposé avec concision la situation religieuse sur le tourbillonnant Canal-globe, notre informateur, qui était évidemment un érudit philosophe délégué à cet effet, changea brusquement de sujet afin de nous mettre au courant des principaux événements politiques internationaux qui s'étaient produits. sur Mars à l' époque de Nazarrano .

À notre grand étonnement, nous avons eu l'impression évidente que les conditions sociales sur cette planète semblable à la Terre sont encore extrêmement primitives. Il semble que, dans les temps anciens, les groupes de Martiens qui habitaient des territoires entourés de montagnes et de forêts ou bordés d'océans et de rivières, étaient obligés de considérer ces frontières naturelles comme des barrières insurmontables, et que ces barrières rendaient leur communication avec d'autres groupes de Martiens presque impossible. Chacun de ces groupes fut ainsi, pendant de longs siècles, contraint de mener une existence isolée. Les tribus qui occupaient une vallée n'entraient jamais en contact avec les habitants des autres vallées. Un groupe de Martiens habitait d'un côté d'une grande forêt ; de l'autre côté, un autre groupe se débattrait ; mais les deux groupes ne se sont jamais rencontrés pour échanger leurs points de vue ou pour savoir de quelle manière l'autre avait accru le confort de la vie. Naturellement, chaque groupe développa sa propre langue et sa civilisation rudimentaire, ce qui entraîna la division des habitants de Mars en nations distinctes, chacune avec ses propres coutumes et idéaux.

À mesure que la science progressait, la communication entre ces nations isolées était de plus en plus facilitée et leurs relations mutuelles devenaient de plus en plus intimes. A l'époque où le professeur FANSEE reçut son remarquable message, une intercommunication parfaite était établie au moyen des chemins de fer, des lignes de navigation à vapeur, des télégraphes et des téléphones. Les Martiens avaient même commencé à voyager dans les airs d'un pays à l'autre. De cette manière, toutes les nations pouvaient bénéficier des progrès scientifiques réalisés par chacune d'entre elles.

Or, si chaque nation s'était suffi à elle-même, si chaque pays avait, avec ses propres ressources, fourni tous les ingrédients dont il avait besoin dans le cadre de sa forme de civilisation la plus progressiste, il aurait peut-être été, dans une certaine mesure, raisonnable pour les différents groupes de Martiens de dire à l'un d'entre eux : un autre : « Nous sommes très heureux d'entrer en contact avec vous, et nous sommes profondément intéressés par vos coutumes et vos idéaux, qui semblent à première vue si opposés aux nôtres, et qui sont néanmoins au fond si semblables aux nôtres. ; mais comme nous ne voyons pas le moindre avantage à changer les conditions existantes, nous préférons ne pas détruire notre individualité nationale. Car notre fierté nationale est devenue parmi nous une idole sacrée, dans laquelle aucun idéal supérieur d'une fraternité plus élargie ne devrait être autorisé à interférer. Mais notre informateur martien a déclaré qu'en réalité aucune des nations martiennes *ne se* suffit réellement à elle-même. Avec les exigences de la vie élargies qui ont inévitablement suivi le développement scientifique et l'expansion mentale, il s'est avéré que chaque nation produit des articles d'un type particulier, dont toutes les autres nations ont un besoin pressant et continu. Le sol d'un pays est riche de certains produits qu'on ne trouve pas dans d'autres pays, même si ces autres pays en ont également besoin. En fait, il fut bientôt révélé que toutes les nations civilisées étaient totalement dépendantes les unes des autres, tant mentalement que physiquement.

Dans ces circonstances, l'observateur impartial s'attendrait naturellement à ce que les nations forment une sorte d'alliance ou de fédération pour une protection mutuelle et en vue d'une combinaison judicieuse d'intérêts. Pourtant, jusqu'à présent, les Martiens, manifestement bornés, ont été si myopes qu'ils n'ont absolument pas réussi à prendre une telle mesure. Bien plus, au lieu de coopérer les unes avec les autres, les nations se contrarient les unes les autres par une stupidité aveugle. Les jalousies et les haines mesquines, s'exprimant particulièrement dans une science internationale particulière que les Martiens appellent dip-low- macy , maintiennent les nations à l'écart les unes des autres et font des ennemis héréditaires jurés des nations qui ne devraient entretenir que des relations amicales et coopératives. Même les nations qui ont acquis la même foi, les mêmes espoirs, les mêmes aspirations, continuent de mener leur existence nationale isolée, nourrissant soigneusement leurs haines mesquines et leur méchanceté mutuelle contre les autres nationalités. Dans la mesure où presque toutes les nations martiennes semblent être affligées de cette malicieuse manie de la nationalité, la planète Mars, vue de la Terre, donne inévitablement l'impression d'un vaste asile d'aliénés, la manie de la nationalité étant la terrible maladie dont les Mars sont victimes. Les patients liés à l'hospitalisation souffrent malheureusement. Leurs esprits semblent être aussi tourmentés que la planète roulante qu'ils habitent.

Cette maladie mentale des plus malheureuses perturbe et détruit même les liens tant vantés d'une foi religieuse commune.

Sur la planète Mars, outre les Nazarranos , fleurit une autre secte religieuse, fondée par un prophète dont le nom, autant que nous puissions le déchiffrer, était MOE HAMID. Ce MOE HAMID interdisait strictement l'utilisation de la moule comme article alimentaire. Et par la loi de la contradiction ou par l'ironie du sort, la secte est connue depuis sous le nom de Musselmen . Or ces mouleliers , bien que dispersés entre différentes nationalités, forment en réalité une sorte de fraternité fondée sur leur foi. Chaque fois qu'une guerre sainte est déclarée pour de bon, tous les musulmans se tiennent unis. Que les membres de cette secte désignent les Nazarrano-Darvinianos comme des chiens, peut être déplorablement unilatéral, mais peut facilement être compris. En tout cas, les moules sont connus pour se serrer les coudes. Parmi les Darvinisés Nazarranos , cependant, la fraternité coopérative fait totalement défaut. L'une des nations Nazarrano-Darviniano considère une autre nation semblable comme une meute de chiens méprisable ; une nation considère l'autre comme un agrégat de petits barbares ; et chacune d'entre elles envie à toutes les autres la puissance politique ou la prospérité industrielle qu'elle aurait pu atteindre grâce à un effort prolongé.

Même si NAZARRO et DARVINO étaient de fervents défenseurs de la paix et de la tolérance, les nations censées suivre ces deux maîtres dirigent leur meilleure intelligence et leurs réalisations scientifiques vers l'invention de dispositifs infernaux permettant de se mutiler et de se détruire mutuellement. Chaque nouvelle découverte faite par les chercheurs scientifiques est immédiatement exploitée dans le but de rendre ces engins de torture toujours plus meurtriers, toujours plus malveillants et destructeurs. Alors qu'il déchiffrait ces mots une nuit morne, le professeur FANSEE me murmura avec confiance qu'il avait absolument perdu la croyance en l'existence réelle de l'Enfer ; mais que cette révélation le faisait reconsidérer sa non-croyance. Et, a-t-il ajouté, si un tel endroit existe, je suis pleinement convaincu que je l'ai alors sans aucun doute localisé sur la planète Mars. Pensez à ce chaos insensé d'émotions basses, à cette cour incessante de souffrance, de mort et de dévastation entre des nations qui auraient dû former un lien solide d'amitié et de respect mutuel et qui, si elles l'avaient fait, auraient toutes pu jouir paisiblement de toutes les richesses. de l'univers. Et lorsque vous constatez leur manque primitif de tout sentiment de bienveillance, réfléchissez au fait que ces maniaques de la nationalité sont si complètement illusoires qu'ils se font appeler sans détour Nazarranos et prient le Dieu de NAZARRO pour qu'il réussisse dans leurs poursuites destructrices gratuites !

Profondément émus par cette démonstration d'une stupidité indicible ou d'une irrationalité apparemment désespérée, nous attendions avec impatience de plus amples détails. Petit à petit, nous avons ensuite réussi à les déchiffrer. Il semble que parmi les nations Nazarrano-Darviniano antagonistes, il y en ait deux auxquelles notre informateur martien faisait référence avec une insistance particulière.

L'un d'eux, habitant un pays appelé Two-Tonia, semble être connu des Martiens sous le nom de DEUX-TONNES. Après enquête, il a été découvert que sur Mars, les noms sous lesquels les nations sont connues dérivent dans certains cas de leurs caractéristiques mentales. Les Two-Tons ont la réputation d'être mentalement lourds. Chaque Two-Ton est censé transporter deux tonnes de matière cérébrale ; et dans de nombreux cas individuels, ce poids devient malheureusement si oppressant qu'il les rend apparemment incapables d'acquérir ou de développer les grâces mentales aimables et souples qui ornent l'esprit de quelques autres nationalités.

Les Two-Tons surpassent de nombreux autres pays en termes de profondeur et de rigueur scientifique. Ils ont accru leur profondeur en approfondissant tout sujet auquel ils consacrent leur attention. Notre informateur martien a promis de démontrer que, dans leurs arguments en rapport avec la philosophie darvinienne , outre leurs recherches empiriques, ils ont tendance à creuser dans la mauvaise direction. En creusant aussi profondément qu'ils le font, on peut facilement comprendre, s'ils commencent réellement à creuser dans la mauvaise direction, à quel point ils risquent de se retrouver très loin de leur objet philosophique.

Parmi les nationalités dont la fierté nationale fait obstacle à l'appréciation des mérites des autres nations, les Deux-Tonnes doivent être comptées au premier rang. Pour eux, toutes les autres nations nazarrano-darviniennes semblent totalement sans valeur et absurdement inférieures. Pour cette raison , ils préfèrent une association ou une alliance occasionnelle avec les moules , bien qu'ils soient censés prier le Dieu Nazarrano , plaçant entre-temps leur foi dans la philosophie darvinienne . Leur mépris envers les autres nations nazarranes ne connaît aucune limite. Ils se considèrent comme les créateurs et les gardiens d'une forme particulière de civilisation, infiniment supérieure au degré de croissance mentale atteint dans d'autres pays. Aussi absurde et vaniteux que cela puisse paraître, il faut en même temps reconnaître que le poids cérébral des Deux-Tons a conduit à des résultats remarquablement constructifs. En l'espace de quarante ans, en utilisant les matériaux rassemblés dans les périodes antérieures, ils ont réussi à ériger un somptueux édifice scientifique et industriel dépassant de loin en excellence et en unité de construction les nombreux bâtiments isolés érigés dans le même but en au cours de quelques siècles dans d'autres pays. Combien cette nation aurait pu devenir grande et riche, s'ils avaient tranquillement entretenu dans leur propre cœur leur exaltation face à leurs merveilleux progrès, et s'ils n'avaient pas permis à des illusions contradictoires de gâcher la solidité de leurs réalisations !

Il convient de mentionner que parmi les produits que cette nation préparait avec un soin scientifique, il y avait un dangereux explosif qui était mis sur le marché national sous le nom de Militarisme. Tout citoyen de sexe masculin valide était obligé de consacrer un certain nombre d'années à la fabrication de ce produit hautement explosif. En conséquence , il y avait une telle surabondance de cette matière dans leur pays, qu'ils décidèrent d'en stocker des tonneaux sur des tonneaux dans le sous-sol de leur édifice merveilleusement construit. En outre, ils ont placé un fusible dans chaque pièce et dans chaque hall de ce bâtiment bien construit, afin de pouvoir faire sauter toute la structure à tout moment, apparemment par dépit, en cas de querelle avec un autre. nation. De grands moteurs étaient construits en métal précieux à partir desquels cet explosif devait lancer d'énormes boules, des puants scientifiques et d'autres missiles malveillants dans les rangs de l'ennemi envisagé. Et comme ces moteurs avaient l'habitude de cracher leurs projectiles mortels avec un bruit assourdissant, l'usine où les moteurs étaient produits était facétieusement appelée l'usine CROUP. Le moment vint en effet où une explosion se produisit, dont les terribles résultats sont encore impossibles à compiler.

Un autre produit d'un genre très différent, fabriqué par les Two-Tons, a été mentionné par notre informateur martien, dont le professeur FANSEE a eu quelque difficulté à déchiffrer le caractère réel. Au début, le professeur traduisit son nom par Koaltar , mais au fur et à mesure que le mot se répétait, il s'avéra qu'il s'agissait d'une sorte de talisman national auquel ils donnèrent le nom de Kooltoor . La véritable signification de ce mot reste encore entourée de mystère. Il semblerait cependant que, tout comme notre mot Culture fait référence au développement mental de l'individu, le mot Kooltoor est utilisé pour désigner le développement mental et physique de la nation Two-Ton dans son ensemble. Je m'attends à ce que Two-Tonia soit mentionnée plus tard dans le manuscrit du professeur FANSEE en relation avec d'autres événements martiens internationaux.

L'autre nation la plus fréquemment mentionnée par notre communicateur invisible sur Mars semble être connue sur cette planète sous le nom d'ANGLERS-AXSONS, et a été à d'autres moments désignée sous le nom de BRITS. Il ne fait aucun doute que les deux noms font référence à la même nation, car dans un cas, le mot Axsons a été omis, et notre aimable Martien parlait distinctement des Anglers ou des Britanniques. Ils habitent apparemment sur un groupe d'îles appelé Anglia ou Brittia . Il semble en outre que l'une de ces îles soit spécifiquement connue sous le nom d'île d'Irlande, parce que la colère de ses habitants est si facile à susciter. Selon une légende, la nation britannique a été fondée par un pêcheur qui chassait les serpents des îles pour assurer la protection permanente des vers d'angle. Ce pêcheur ayant été un patriarche préhistorique, dont le nom n'a pas réussi à descendre la pente vertigineuse des siècles, la nation est simplement connue sous le nom de Pêcheurs. L'océan a été le champ de leurs conquêtes et le moyen de leur développement, qui ont duré environ trois siècles, de sorte que leurs efforts nationaux ont commencé environ deux siècles et demi avant les Deux-Tonnes.

Ils sont si dévoués à la pêche qu'on dit que pendant toute cette période, ils ont continuellement eu leurs hameçons appâtés prêts à saisir et à s'approprier tout ce qui se trouve dans, sur ou à proximité de l'océan. Leur entreprise de pêche n'a pas échoué. Parfois, ils attrapent du poisson. D'autres fois, ils capturent des îles, des stations charbonnières, des pays occupés par des tribus dites inférieures, un canal ici et là construit par les efforts laborieux d'autres nations ; en fait , ils ont rassemblé toutes sortes de trésors océaniques chaque fois que les autres nations ne les voyaient pas en premier. Le nom de famille Ax-sons est probablement dérivé du fait qu'il y a quelques centaines d'années, ils n'étaient que de simples sauvages de la marine Skandal dont la seule arme offensive et défensive était la hache de guerre.

Quant au nom de Brits, sous lequel ils semblent en fait être le plus communément désignés, il faut avouer que le Professeur FANSEE n'avait jamais réussi à en découvrir la signification intrinsèque. Cependant, lorsque je suis revenu à la civilisation, j'ai décidé d'enquêter ; et en parcourant soigneusement tous les dictionnaires contenus dans toutes les bibliothèques célèbres des îles Fidji , j'ai découvert que le mot Brit s'applique à un jeune hareng, autrefois considéré comme une espèce distincte. J'ai en outre découvert que ce mot désigne la nourriture des baleines à fanons, composée de petits crustacés, de ptéropodes (quel que soit le nom) et d'autres minuscules animaux nageant en surface que leurs mamans les ont maudits avec des noms fantaisistes. Il est possible que les Britanniques aient fait autrefois de la pêche britannique leur industrie nationale et qu'ils se soient ainsi fait connaître sous le nom du poisson qu'ils vendaient, servaient et utilisaient d'autres manières à leurs propres fins égoïstes . D'un autre côté , il est tout aussi plausible que le nom fasse référence à leur propension à s'emparer des petites îles et des stations charbonnières de l'océan, juste assez petites pour échapper à l'attention des autres et passer à travers le râteau élastique à faible pendage, mais en l'ensemble d'une masse suffisante pour augmenter considérablement leur poids et leur importance nationale.

En parlant de baisse de pente , les Britanniques sont de grands adeptes de cet effort de baisse de baisse. Il faut savoir que dans cette poursuite martienne particulière, les muscles du visage ne sont pas autorisés à trahir les schémas qui couvent dans le cerveau. Vous pensez et pensez une chose, vous dites et semblez vouloir dire autre chose. La lourdeur cérébrale qui pèse sur les Deux-Tonnes empêche ces scientifiques de dissimuler leur activité mentale. Ils sont contraints par nature à être directs et francs, sauf lorsqu'ils ont provoqué une calamité et qu'ils tentent de rejeter la faute sur quelqu'un d'autre, comme les événements ultérieurs peuvent curieusement le démontrer. Mais le cerveau des Britanniques n'est pas si lourd. Grâce à l'aviron, à la natation, au football, au polo, au golf, au tennis, au cricket et à d'autres sports de plein air intenses, ils ont acquis une parfaite maîtrise de leurs muscles. Cette capacité se manifeste particulièrement dans leur manipulation intelligente des muscles du visage.

À de nombreuses occasions, les Britanniques ont recouvert leurs activités de pêche à la ligne d'un vernis à des fins apparemment nobles, si joliment poli qu'on pourrait presque utiliser le placage comme un miroir incurvé. Par exemple, lorsqu'ils répandaient leur propre nationalité sur toute la surface vallonnée du bon vieux Mars, leur expression faciale était extrêmement innocente et noble tout en prétendant simplement répandre la foi nazarrienne . Bien qu'ils aient contribué à nazarriser le globe sur lequel ils vivent, ils n'ont pas, conformément aux préceptes de Nazarrano , cherché leur récompense au ciel, mais ils ont vendu leurs vertus contre de l'argent et ont pris leur récompense par la force des armes et par trempette. -faible- macy directement sur Mars elle-même. Leur plan était très simple. Ils enverraient un missionnaire pour répandre la foi ; par la suite, ils lui enverraient de nombreux assistants. Ensuite, ils commenceraient à faire du commerce, en veillant toujours – comme devraient le faire les commerçants – à leurs propres intérêts. Cela a inévitablement conduit à des désaccords avec les indigènes. Et comme les engins de destruction utilisés par les indigènes discrets n'avaient pas atteint un stade de civilisation physique aussi élevé que ceux des Britanniques, tout ce que ces derniers avaient à faire à ce stade du jeu était d'envoyer une partie de leur propre petite destruction. machines à la nation concernée et, après quelques combats, de s'approprier le territoire. Ils commenceraient alors à coloniser pour conclure un accord unilatéral.

Au développement de la science et de l'industrie, ils ont également contribué pour une part très importante. Mais comme ils croyaient en la culture et n'ont pas réussi à développer cette unité nationale provoquée par le Two-Ton Kooltoor , leurs bâtiments scientifiques et industriels n'ont jamais encore été combinés en un seul grand édifice, comme celui si habilement érigé à Two-Tonia. Il est possible que le plus grand développement des esprits animaux chez les Britanniques *par rapport* au plus grand élan mental des Deux-Tonnes ait quelque chose à voir avec cette différence de type de croissance. Il est possible que cela soit simplement dû au fait que l'esprit des grands penseurs et scientifiques britanniques s'était développé dans une direction, tandis que celui des Deux-Tonnes s'était développé dans une direction très différente. Pourtant, il ne fait guère de doute que l'une des causes les plus importantes de cette divergence réside dans le fait que les Deux-Tonnes ont commencé à construire leur nation unifiée à une époque où les sciences avaient atteint un état de progrès élevé. et après qu'une nouvelle secte philosophique fut née parmi les Deux-Tonnes, communément connus sous le nom de Social-Mists, et qui mettaient particulièrement l'accent sur les avantages de la coopération ; tandis qu'au contraire, les fondations des institutions britanniques avaient été posées à une époque où le développement de la science moderne n'avait pas encore donné ses premiers signes de vie.

En ce qui concerne la science du dip-low- macy , évoquée précédemment, on peut affirmer ici que cette entreprise faciale n'est en aucun cas limitée aux seuls Britanniques. Il semble que cette tromperie quasi scientifique soit pratiquée avec la même habileté par d'autres nations martiennes. Et même en tenant compte du fait déplorable que la plupart de ces nations souffrent d'une maladie mentale pitoyable, il reste stupéfiant pour le spectateur terrestre que cette capacité à manipuler les muscles du visage soit considérée parmi les Martiens comme un acquis hautement méritoire. De nombreux dignitaires de la corporation Nazarrano occupent de hautes places d'honneur en raison de celle-ci. Bien plus, chez la plupart des nations martiennes, même l'élaboration et l'interprétation des lois du pays sont presque exclusivement confiées à ceux qui excellent dans cette quête trompeuse. Pour accéder à de hautes fonctions politiques , cela semble être un accomplissement absolument essentiel. Notre informateur martien a exprimé la fervente conviction que, sans cette tromperie irrationnelle et habituelle, une grande partie des petites méchancetés entre nation et nation auraient pu être évitées ou apaisées.

Nous avons jusqu'ici eu l'occasion de mentionner que l'activité nationale des Britanniques s'étendit sur une période d'environ trois cents ans, tandis que celle des Deux-Tonnes se limitait à une période de quarante ans. Cette différence apparente dans la durée nationale est due au fait que pendant de nombreuses années jusqu'à l'an 11 ED (1871 EN) les Deux-Tonnes avaient été divisées en un certain nombre de petites principautés, chacune menant une existence semi-nationale qui lui est propre. Dans l'année mentionnée, après qu'un chef de la destruction du nom de MOULD-KEY eut conquis les Frank- Auliens populairement connus sous le nom de Fringe, un chef de deux tonnes appelé BEES'MARK, parce qu'il avait laissé la marque d'une abeille très occupée sur Two-Tonia, a uni les principautés en un seul grand empire Two-Ton. Deux chefs régnèrent pendant une courte période sur la nation naissante, puis furent remplacés par un autre dirigeant, un homme d'une activité acharnée, portant le nom retentissant de WILMOSTASH. Cet homme semble avoir eu une influence marquante sur la croissance bitonienne ; et les Deux-Tonnes sont convaincus que leur développement naturel est essentiellement dû aux efforts inlassables de ce souverain, dont les parures faciales s'élèvent en effet vers les cieux lointains.

Les préparatifs industriels parmi les principautés de Deux-Tonnes, avant leur fédération, étaient désormais considérés par les Deux-Tonnes comme n'ayant que peu d'importance. Surtout les jeunes générations n'ont vu que la croissance de la nation unie depuis l'an 11 ED (1871 EN). Et lorsqu'ils se rendirent compte qu'ils occupaient sur la planète Mars une position industrielle au moins aussi importante que celle de n'importe quelle autre nation, ils furent impressionnés par l'idée qu'en trois ou quatre décennies ils avaient accompli ce qui avait mis trois ou quatre siècles à d'autres nations. atteindre. Cette impression ne pouvait qu'augmenter considérablement leur fierté nationale, de sorte que la folie de la nationalité, si courante parmi les Martiens trompés, fut amenée à Two-Tonia à une phase aiguë, éclipsant en profondeur et en gravité la maladie mentale similaire qui prévalait chez d'autres nations.

En conséquence, à mesure qu'ils atteignaient progressivement leur importante position industrielle, ils aspiraient à une position politique de même importance. Mais étant, en raison de leur poids cérébral, moins agiles et plus brusques que la plupart des autres races, ils adoptaient fréquemment, dans les conseils des nations, une attitude hautaine que les autres considéraient comme arrogante et par la force de laquelle ils tentaient fréquemment de dicter les décisions finales sur les problèmes internationaux.

Si les nations n'avaient pas été trompées par leur nationalisme antagoniste et toujours suspect, elles auraient raisonné avec les Deux-Tonnes, elles se seraient efforcées de mieux comprendre leurs idéaux et leurs motivations, et elles auraient pu apprendre beaucoup d'eux, tout comme les Deux-Tonnes eux-mêmes, au cours des années précédentes, avaient beaucoup appris des autres. Mais comme conséquence de la déplorable illusion martienne, cette attitude de la part des Deux-Tonnes eut pour effet de souligner d'autant plus la méchanceté qu'une nation portait à une autre, et aboutit même à une combinaison de la mauvaise volonté de diverses autres nations. nations mutuellement hostiles, globalement dirigées contre les Deux-Tonnes. Alors que les nations voisines observaient avec inquiétude la production abondante d'explosifs militaristes dans l'empire bitonien et qu'elles flairaient un danger imminent d'explosion, elles commencèrent, par le biais de combinaisons et d'alliances, à prendre des mesures pour se protéger contre les attaques. Une agression bitonienne qui, pensaient-ils, devait tôt ou tard passer d'une simple attitude mentale à une série d'actes de violence physique . Parmi les nations ainsi réunies, il convient de mentionner spécialement les FRANC-AULIENS ou FRINGE, qui, outre qu'ils observaient avec méfiance l'activité militariste croissante de leur voisin, étaient en outre animés par le désir d'obtenir réparation pour les dommages causés en 1871. FR , lorsqu'ils perdirent les territoires d'All-Sass et de Low-Rain au profit des Two-Tons. En effet, même si ce désir – d'abord proclamé avec véhémence – avait largement diminué en ferveur avec le temps, il n'en restait pas moins l'un des courants sous-jacents dont il fallait consciencieusement tenir compte dans le jugement que l'on pourrait tenter de porter sur les développements ultérieurs. Dans les combinaisons protectrices anti-Two- Toniennes , la Fringe figurait sans aucun doute en bonne place.

Il est caractéristique de l'état primitif de la civilisation martienne que l'influence politique d'une nation soit déterminée, non par la sagesse dont elle fait preuve dans les conseils internationaux, mais par la taille du territoire qu'elle contrôle et, en partie, par conséquent, par l'étendue de ses colonies. Or, pendant trois longs siècles, diverses nations avaient exploré les océans et s'étaient emparées de tous les territoires propices à la colonisation ; et grâce au succès de la pêche à la ligne des Britanniques, bon nombre de ces colonies étaient finalement tombées entre leurs mains. Viennent ensuite les possessions coloniales de la Fringe, et une autre nation connue sous le nom de Whole-landers contrôle également un territoire éloigné considérable. Mais comme toutes ces nations étaient engagées dans ce processus d'accumulation depuis si longtemps, les Deux-Tonnes, lorsqu'ils commencèrent à rechercher des champs d'expansion lointains similaires, ne trouvèrent que peu de choses qui restaient. Et n'étant pas aussi parfaits en matière de dip-low- matic que les autres nations, les Deux-Tonnes, comme les autres nations l'avaient toujours craint, sont arrivés à la conclusion que la seule manière par laquelle ils pourraient atteindre le même type d'influence politique, c'était par la force des armes, c'est-à-dire par une utilisation libre et très inconsidérée de leur explosif national sur le territoire d'autres nations. Je suis tenté ici d'attirer l'attention sur l'influence marquée que les conditions politiques exercent sur l'activité mentale des auteurs philosophiques d'une nation.

Cette tentation est si grande que je vais surmonter ma réticence et révéler ce que notre communicateur martien a secrètement confié au professeur FANSEE lors d'une nuit mémorable, alors que tous deux cherchaient à se détendre après la tension de leur travail prolongé. À cette occasion, en effet très rare, notre philosophe martien a confié au professeur FANSEE certaines de ses expériences personnelles antérieures. Il en ressort que le Martien — je l'imagine comme un homme grand et mince avec une longue barbe blanche — avait été à l'origine un fervent adepte de la foi de NAZARRO, et qu'il s'était ensuite converti au darvinianisme . Et les conclusions de Darviniano avaient si profondément influencé sa mentalité qu'il refusa finalement de considérer les manuscrits de Heebron et de Nazarrano comme faisant autorité en ce qui concerne ce qui constituait et ce qui ne constituait pas la moralité. Grâce à ma compréhension plus profonde de la Nature, il s'était alors dit : laissez-moi revenir vers elle, et la Nature elle-même m'enseignera les lois de la bonne conduite. Mais après avoir commencé à observer consciencieusement les méthodes de la nature dans ce but, il découvrit bientôt que la conduite de la nature dans son ensemble différait grandement de la conduite jugée juste et convenable par les Martiens. Il découvrit que la nature peut à tout moment provoquer un bouleversement du sol, par lequel les bibliothèques, les imprimeries, les musées d'art, les temples, les églises, les usines, les instituts d'industrie et d'enseignement, seraient en quelques heures détruits sans raison, sans le moindre signe. discrimination entre le criminel et le vertueux, entre les choses mauvaises et les choses bénéfiques aux Martiens. En cela donc, songea-t-il, nous ne pouvons pas suivre la Nature.

Puis, cherchant une meilleure direction, il s'était rappelé de la loi de la survie du plus fort. Cette loi, pensa-t-il, nous pourrions peut-être l'appliquer consciemment à notre conduite. Mais comment? Il est évident que cette loi se réfère essentiellement aux empêchements et obstructions physiques, aux conditions physiques uniquement. Une explosion de glace peut balayer le sommet d'une haute colline et anéantir la tribu qui l'habite, et ceux qui vivent dans la vallée peuvent survivre. Pourtant, si ceux de la vallée avaient été au sommet, ils auraient péri, et si ceux du sommet avaient vécu dans la vallée, ils auraient à leur tour survécu. Et si l'on se demandait ce qui se serait passé si l'explosion avait frappé les deux tribus en même temps, nous répondrions que celles physiquement les plus aptes auraient survécu, absolument indépendamment de leurs vertus ou de leurs vices ou du degré de leur intelligence.

L'intelligence n'a-t-elle donc eu aucune conséquence dans l'activité de cette loi ? Le fait qu'une race intelligente ait survécu à des races d'animaux physiquement bien plus féroces ne fournit-il pas une preuve positive de l'influence de l'intelligence sur le fonctionnement de la grande loi ? Non, avait conclu le Martien, cela ne fournit aucune preuve de ce genre. Une race intelligente a survécu, non pas en raison de la loi physique de la survie, mais en opposition à elle. Elle a survécu parce qu'elle a conçu des moyens de protection permettant de s'opposer aux forces physiques aveugles par lesquelles la survie avait jusqu'alors été déterminée. Et quand on compare les membres individuels de cette race intelligente les uns avec les autres, on découvre vite que ceux d'une intelligence supérieure sont souvent physiquement beaucoup plus fragiles que les spécimens ennuyeux d'esprit, et donc souvent beaucoup moins aptes à résister aux assauts de forces physiques antagonistes. les forces.

Cherchons-nous à appliquer cette loi de survie tant citée à la moralité, nous constatons avec consternation qu'il n'est pas rare que le voleur et le trompeur sans scrupules et l'intimidateur brutal grandissent et prospèrent, tandis que le penseur honnête et vertueux, moins rusé ou moins sûr de lui, est l'opprimé malheureux et souffrant. Bien sûr, si cette loi de la survie devait effectivement s'appliquer à nos visions internationales, nous ne pourrions que louer et admirer ceux qui ont acquis le pouvoir : nous n'aurions certainement aucune bonne raison de les haïr.

Nous découvrirons bientôt que le Martien a parlé en détail de ce sujet au professeur FANSEE, car cela avait une influence importante sur les événements politiques ultérieurs sur Mars. Et il me conviendrait donc peut-être aussi de citer à quelle conclusion le philosophe martien est arrivé à la fin de ses révélations.

Quelqu'un songerait-il, s'exclamait-il, à essayer de préconiser la loi de la gravitation comme guide d'une bonne conduite ? Personne ne le ferait, car ce serait complètement absurde. Car aucun Martien ne peut ajouter un iota à sa puissance ou retirer un iota de son activité éternelle par un effort conscient. Nous ne pouvons pas y ajouter ou soustraire plus que ce que nous pourrions ajouter ou soustraire à la matière dont notre Univers est composé. Et aussi peu de bien ou de mal que nos intrigues conscientes peuvent faire à la loi de la gravitation, elles ne peuvent pas non plus aider ou entraver la loi de la survie du plus fort, sauf dans la mesure où nous pouvons nous protéger contre ses conséquences. manque de considération aveugle. Cette loi régnait bien avant qu'il y ait une quelconque conscience de soi, bien avant qu'il y ait une intelligence chez les êtres vivants, bien avant qu'un groupe de spécimens d'une espèce trompée n'envie à un autre groupe son importance industrielle ou politique. Si la vie devait être régie par cette loi, il serait absurde d'imaginer des remèdes contre les épidémies. Dans ce cas, nous devrions permettre à la maladie de ravager la nation autant qu'elle le souhaite. La nature rendrait ainsi aux Martiens une faveur particulière en détruisant ceux qui ne seraient pas aptes à survivre à cette maladie particulière. Et une fois passée l'épidémie numéro un, nous pourrions permettre qu'une nouvelle épidémie détruise tous les survivants, même si parmi ceux tués par la première maladie, il y en aurait peut-être beaucoup qui auraient pu survivre avec succès à l'épidémie numéro deux, s'ils avaient seulement été encore en vie. faites-y face.

L'absurdité de l'idée de se laisser guider par cette loi automatique était donc devenue clairement évidente pour notre philosophe martien. Et c'est alors, dit-il au professeur FANSEE, qu'il commença à réaliser la vérité de ce qui avait été dit par d'autres, que les préceptes moraux contenus dans les manuscrits de Heebron et de Nazarrano étaient nés des verdicts de la raison humaine, après plusieurs siècles d'expérience. et observation des exigences sociales; et qu'ils étaient devenus odieux à certains Darvinianos , non pas parce qu'ils étaient en eux-mêmes erronés ou trompeurs, mais parce qu'ils avaient jusqu'à présent toujours été transmis comme s'ils étaient inséparablement fondés sur une foi dévouée dans des divinités semi-humaines personnelles. Séparez-les de cette foi ancienne, et ils seront assez forts en eux-mêmes pour rester debout, profondément ancrés dans le roc de l'expérience humaine, comme des repères efficaces sur le chemin qui mène à travers le labyrinthe de la vie. À mesure que l'expérience les a érigés, l'expérience pourra peut-être plus tard les améliorer encore davantage. Pas seulement votre expérience, ni la mienne seule, mais l'expérience de tous les Martiens réunis, scientifiquement fondée sur les décrets d'une logique plus avancée.

Après cette détente par une confession à cœur ouvert, notre noble Martien revint à son récit des nations en lutte, et ici il montra immédiatement en quoi sa confession était liée à son intéressant petit chapitre d'histoire politique.

Les philosophes de Two-Ton, dit-il, profondément impressionnés comme lui par la foi darvinienne , avaient commencé à se tourner vers les lois de la nature pour obtenir une orientation morale. Et ayant commencé à creuser dans cette direction, l'élan de leur poids cérébral les empêchait de changer de cap. C'est ainsi que NEETCH-UR, un philosophe réputé à Two-Tonia, rejeta complètement tous les préceptes de Nazarrano . Pourquoi guérir, protéger ou aider les faibles ? Laissez les forts survivre comme la nature le leur permet naturellement. Seront-ils moins intelligents ? La faute à la nature. Seront-ils moins soucieux du bien-être de leurs frères ? C'est la faute de la Nature qui, apparemment, l'a voulu ainsi. Ce que NEETCH-UR enseignait donc, c'était l'excellence morale de la puissance physique et mentale, l'emportant inconsidérément sur tous ceux dont les pouvoirs sont moins puissants, même si cette attitude « morale » devait conduire les Martiens à une condition d'immoralité totale.

NEETCH-UR était un auteur oratoire producteur de maximes ronflantes, qui n'a jamais cherché à tester leur efficacité par la voie de la logique. Même si ses idéaux flottaient manifestement dans la mauvaise direction, il portait néanmoins certaines des marques du génie. La nationalité était pour lui une considération mineure. Il a adressé son plaidoyer en faveur du règne des puissants à tous les habitants de Mars, et si un Britannique ou un Skandalnavying étaient plus puissants qu'un Two-Ton, il aurait assisté avec satisfaction au renversement du Two-Ton par le Britannique ou le robuste Skandalnavying .

Pour les Deux-Tons, influencés comme ils l'étaient par la manie de la nationalité martienne, cette vision de la vie était un peu trop large. L'exactitude de la vision de la nature n'a pas été mise en doute. Surtout depuis que l'un de leurs scientifiques empiriques les plus renommés, connu sous le nom de professeur HECKLER, avait hardiment quitté son laboratoire empirique pour se lancer dans le domaine de la philosophie et avait vigoureusement mis l'accent sur la vision de la nature, en négligeant complètement le côté émotionnel du caractère martien. Mais même si la conception de la nature était considérée comme parfaitement correcte, l'envergure internationale de NEETCH-UR ne coïncidait pas avec les tendances mentales nationales bitoniennes . Il n'est donc pas étonnant qu'un autre auteur soit bientôt apparu, nommé TRITE-SHKUR, qui a adopté les vues de NEETCH-UR, mais les a appliquées exclusivement à la gloire des Deux-Tonnes. Si une nation devait survivre grâce à son pouvoir de conquête, cette nation devait être la nation des Two- Toniens . Les Britanniques, avec leur propension à l'expansion territoriale, avaient dirigé la planète brumeuse assez longtemps. Nous, les Two-Tons, possédons une plus grande quantité d'explosifs que les Britanniques. Notre Kooltoor est bien plus grand que leur culture. Le Dieu de NAZARRO, quels que soient les préceptes que NAZARRO lui-même ait proclamés, aura de la joie à nous voir vaincre. Nous devons nous tourner vers les Britanniques, utiliser nos explosifs sans discernement et ainsi capturer tout le territoire possible, afin de forcer la loi de la survie à prendre une décision en notre faveur.

Et lorsque ses écrits furent suivis d'un autre livre compilé par un fabricant d'explosifs bien nommé BURN-ARDOR, et qui décrivait en détail la méthode à suivre dans la lutte envisagée, les esprits des Deux-Tonnes furent pleinement décidés quant à la futilité. de la gentillesse de Nazarrano et de la supériorité de la moralité naturelle. En effet, lorsque la lutte éclata, même la division Two-Ton de la secte Social-Mist, défenseurs de la coopération internationale et de la paix, créateurs d'un remède à la terrible manie des nationalités, prophètes de bonne volonté envers toutes les nations, mais parmi lesquels Les partisans de la nature ont néanmoins largement prévalu, ont soudainement perdu leur enthousiasme idéaliste et ont rejoint les rangs des maniaques de la nationalité pour utiliser les explosifs sous le commandement des chefs de destruction. Ces Social-Brumes étaient-ils soudainement devenus fous ? Pourquoi non, pas soudainement. Ils ressentaient simplement leur relation intime avec l'une des nations martiennes ; et ces nations étaient folles depuis des siècles et n'avaient pas encore été ramenées à la raison ; c'est tout.

Certes, dans d'autres pays, la philosophie darvinienne avait conduit à des conclusions d'un type différent. En Brittia, un contemporain de DARVINO, répondant au nom de SPENSAIRO, avait retracé de manière minutieuse l'évolution des conditions sociales martiennes depuis des temps immémoriaux jusqu'à nos jours. Et il montra qu'à mesure que les nations progressaient en civilisation, leurs activités et leur attitude mentale étaient devenues de plus en plus pacifiques. Il a conclu que l'esprit martial de destruction est un esprit de sauvagerie barbare. Ainsi, la coopération entre les différentes nations pour le bien de tous était l'idéal vers lequel tendaient ses conclusions. Il est curieux que ce partisan de la paix soit né dans un pays qui était parvenu à une position politique de première importance, de sorte que cette nation ne souhaitait aucune lutte pour la prédominance avec d'autres nations. Il est tout aussi curieux que dans Two-Tonia, qui était en réalité engagé dans une lutte mentale pour la suprématie, les philosophes émergents fussent les partisans du caractère sacré du pouvoir et de la lutte primordiale pour la survie.

En effet, le militariste BURN-ARDOR mentionné précédemment a souligné sarcastiquement cette influence des conditions politiques sur les vues philosophiques d'une nation. Il a exprimé l'opinion que ces philosophes ont délibérément proclamé leurs conclusions dans l'intérêt de leur propre pays. Notre informateur martien pensait cependant qu'il s'agissait simplement d'un des éléments subconscients qui influencent involontairement la pensée d'une nation et de ses auteurs. Comme BURN-ARDOR voyait dans ce résultat tout à fait inévitable l'effet d'un infâme égoïsme profond et bas , il déclara même que, entre nation et nation, ni la vertu, ni l'honneur, ni l'équité n'étaient jamais prises en considération. Pourtant, s'il est mauvais pour les membres d'une famille de se traiter les uns les autres sans loyauté équitable, s'il est moralement méprisable pour une famille de traiter les familles voisines de manière déshonorante et avec méchanceté ou dans des buts injustes et cachés, il est tout aussi méprisable pour cet ensemble plus large de Martiens, appelé nation, pour traiter toute autre nation de manière injuste ou sans scrupules. BURN-ARDOR a probablement donné son impression des choses telles qu'il pensait qu'elles étaient, et non telles qu'il pensait qu'elles devraient être.

Lorsque la GUERRE DE SUPRÉMATIE DEUX TONIENNES fut enfin devenue un fait physique épouvantable, un certain nombre de nations furent impliquées dans cette lutte titanesque. Compte tenu de la jalousie avec laquelle les Britanniques ont longtemps gardé leur prédominance et de l'aspiration des Two-Ton à les supplanter, on aurait pu s'attendre à ce que les Two-Tons cherchent une excuse profondément low-matique pour engager les Britanniques dans un gigantesque match de lutte . Et s'ils l'avaient fait, le monde martien aurait probablement assisté, impartial et satisfait, à voir le meilleur gagner. Mais la lutte s'est déroulée d'une manière très différente.

Une nation, en réalité la seule avec laquelle les Deux-Tonnes entretenaient des relations intimes, était le groupe de Martiens habituellement appelés les Autruches ou AUSTRICH-ANS. Ils ont été ainsi nommés, non pas parce que l'autruche fait de son pays son habitat, car cet oiseau n'a jamais eu une telle intention ; non pas parce qu'ils avaient l'habitude, comme l'autruche, de cacher leur tête dans le sable sous l'impression qu'ils sont ainsi protégés de l'approche d'un ennemi, car lorsqu'ils sont obligés de se cacher, ils sont assez sages pour ne pas cacher leur tête seuls et partir. le reste de leurs corps frêles était exposé : le nom d' Austrich-ans leur fut donné parce que, comme cet oiseau célèbre, ils étaient connus pour un appétit vorace et très varié. Ils avaient l'habitude de grignoter, chaque fois qu'ils en avaient l'occasion, les territoires voisins connus sous le nom d'États Bally-Khan. Ils avaient même à un moment donné plongé leurs fourchettes en acier dans l'assiette des EAT-ALL-IANS, une nation dont le territoire borde également le leur. Non, ils étaient si typiquement réputés pour leur appétit éternel, qu'une partie importante de leur pays porte en fait le nom officiel HUNG'RY ! Comme les Deux-Tons sont réputés servir cinq repas par jour, et que les Autrichiens parlent d'ailleurs la même langue que les Deux-Tons, l'amitié entre ces deux nations était idéale, et leur faisait même rêver d'une délicieuse Pan. -Deux-Tonianisme .

Les voisins les plus proches de ces Autrichiens formaient une tribu beaucoup plus petite, appelée plus tard les SERVEURS, car ils servaient les Deux-Tonnes apparemment comme une excuse bienvenue pour commencer la lutte. Les Autrichiens eurent des ennuis sans fin avec les Serviteurs. La folie des nationalités entre eux s'était en effet développée jusqu'à atteindre un état d'acuité très dangereux. Enfin, au pays des Serviteurs, un crime fut commis dont un fonctionnaire autrichien fut victime. Maintenant dans le Darvinisé Dans les pays de Nazarrano, tous les crimes étaient jugés par des tribunaux institués à cet effet. Et si un étranger était victime, les tribunaux avaient coutume d'agir avec une vigueur redoublée ; et le pays où l'acte avait été commis ferait en outre réparation au pays dont la victime avait été citoyenne, réparation qui se ferait sous diverses formes. Les tribunaux sont en fait l'une des premières marques de civilisation sur Mars. Mais les Autrichiens ne se sont pas contentés de traiter ce cas particulier de la manière juridique ordinaire. Ils envoyèrent aux Serviteurs un message exigeant des réparations qu'aucune nation n'avait jamais exigées d'une autre. Leur message d'indignation était formulé en termes et contenait des stipulations auxquelles aucune nation qui se respecte, pas même la plus petite, n'aurait pu honorablement se soumettre aux yeux du reste du monde martien.

Désormais, les Serviteurs faisaient partie d'un groupe de petites nations, autrefois appelés les États Bally-Khan, et ils avaient un ami et un protecteur puissant dans la nation politiquement bien plus importante des RUSH-NOTS. Les Rush-Nots ont été nommés pour la lenteur de leur progrès national. Pendant de nombreux siècles, il y avait parmi les nations Nazarrano un préjugé prononcé contre les Heebron , malgré le fait que NAZARRO lui-même avait été un Heebron et avait suivi la foi Heebron . Les Heebron étaient sans scrupules persécutés, volés, torturés, assassinés, leurs biens fréquemment confisqués, et ils n'étaient autorisés à habiter que dans des sections spéciales qui leur étaient réservées. Ces poursuites pénales avaient depuis longtemps été abolies dans tous les autres pays nazarraniens , mais les Rush-Nots continuaient à s'adonner à ces amusements sordides d'un passé longtemps oublié. En outre, dans tous les autres pays nazarraniens , le pouvoir du dirigeant avait été limité en donnant à ses sujets une part dans la détermination des lois qui les régissent. Chez les Rush-Nots, le dirigeant avait toujours un pouvoir absolu sur ses sujets, comme l'avaient eu les dirigeants d'autres pays dans un passé depuis longtemps oublié. Vous comprendrez donc facilement qu'en matière de progrès et d'amélioration sociale, ils ne se sont pas précipités. Néanmoins, grâce à l'effusion de sang, les Rush-Nots avaient acquis une bonne proportion de la croûte de Mars. Ainsi les Rush-Nots, étant amis des nations Bally-Khan auxquelles appartenaient les Serviteurs, parlèrent avec les Autrichiens et leur dirent de traiter les Serviteurs plus poliment, et les menacèrent qu'autrement ils seraient obligés de diriger leurs moteurs de guerre. destruction très impolie contre les Autrichiens .

Nous avons déjà déclaré que Brittia souhaitait une paix permanente. Il en était effectivement de même pour les Rush-Nots, car eux aussi avaient obtenu plus que la part qui leur revenait du territoire martien. Il en était de même pour les Frank- Aulians ou Fringe mentionnés précédemment, qui en fait avaient noué un lien d'amitié intime avec les Rush-Nots. Les Britanniques, selon toute apparence, ont donc fait de leur mieux en recourant à la politique du « dip-low » pour éviter la menace de guerre. Mais les Autrichiens commencèrent en toute hâte à faire des préparatifs de guerre ; et quand les Rush-Nots ont vu cela, ils ont emboîté le pas.

Autrichiens aient agi ou non pendant tout ce temps avec l'approbation secrète du grand WILMOSTASH, ou des fabricants d'explosifs de deux tonnes, sera peut-être à jamais une question digne de débat. Pourtant, tout est certain, à ce stade capital de la querelle internationale, WILMOSTASH dit péremptoirement aux Rush-Nots de détourner leur appareil destructeur des frontières autrichiennes , afin que l'Autriche puisse faire aux Servants tout ce qui servait l' Autriche . -Deux- Toniens intéressent le plus. Les Rush-Nots ont dit au puissant WILMOSTASH de se rendre à Halifax, une sorte de lieu de rencontre où il fait toujours chaud jusqu'à l'étouffement.

Les Two-Tons ont-ils immédiatement attaqué les Rush-Nots ? Non ils ne l'ont pas fait. Conscients que la Fringe était un facteur important dans diverses alliances protectrices anti-Two- Toniennes , ils prévoyaient que la Fringe se rangerait sans aucun doute activement du côté des Rush-Nots. En conséquence, on aurait pu s'attendre à ce que les Deux-Tons lancent une campagne vigoureuse contre les Rush-Nots, tout en gardant lourdement leurs frontières contre l'invasion de la Fringe. Et au cas où le Fringe serait devenu par la suite trop gay, les Two-Tons auraient alors pu à juste titre les traiter conformément aux règles dominant ces passe-temps internationaux. Comme leur querelle concernait les Rush-Nots, cela aurait bien sûr été, selon toute apparence, le plan logique à suivre. Pourtant, même cette voie clairement décrite, les Deux-Tonnes n'ont pas suivi. Sous l'impression que les armées Rush-Not sont lourdes et lentes, et que les Fringe sont légères et rapides comme l'éclair ; Convaincus en outre que leurs chances de victoire résidaient dans une action offensive, et qu'une attitude défensive pourrait mettre leur cause en péril, les Deux-Tons décidèrent, avant d'assaillir les Rush-Nots, d'attaquer d'abord le Fringe.

Pour expliquer le nom étrange de cette dernière nation, permettez-moi de préciser que les Frank- Auliens ou Fringe sont nommés pour la franchise avec laquelle ils reconnaissent et exposent leurs vices ainsi que leurs vertus. Auliens est parfois orthographié Owliens et fait évidemment référence au fait que beaucoup de leurs grands hommes sont connus pour avoir été des oiseaux de nuit. Le nom plus court Fringe leur est appliqué en raison de leurs penchants artistiques. Bien qu'ils aient largement contribué à la science, à la philosophie et aux industries martiennes, leur caractéristique la plus prononcée est qu'ils sont éminemment friands de décorations abondantes. Ils décorent leurs maisons, leurs théâtres, leurs églises et leur esprit. Ils ont ainsi décoré la forme de civilisation nazarrano-darvinienne d'une frange de politesse harmonieusement colorée, un peu floue, assez encline à la tromperie dip-low-matique , mais, somme toute, plutôt artistique.

Lorsque les Deux-Tons ont décidé d'attaquer la Fringe, ont-ils traversé la partie de leur frontière qui mène directement au territoire de la Fringe ? Non ils ne l'ont pas fait. Par George, roi des Britanniques, j'ai presque tendance désormais à appeler les Two-Tons les Did-Nots ! Au lieu de cela, ils décidèrent d'utiliser leurs moteurs destructeurs sur deux petits pays parfaitement autonomes , l'un connu sous le nom de Luxury-burgh, et l'autre habité par une vaillante petite nation dont le nom reste rapidement gravé dans l'histoire martienne sous le nom de BELL-GIANTS. Leur pays contient toutes sortes de beaux bâtiments anciens et d'églises réputées dans toute la planète Mars pour leurs merveilleuses cloches et carillons ; et si petit que soit leur nombre, ils sont néanmoins connus sous le nom de Géants, parce qu'en cas de besoin, ils sont prêts à entreprendre des tâches gigantesques, devant lesquelles beaucoup d'autres petites nations reculeraient de peur. En conséquence, les Bell-Giants obstruèrent le passage des Two-Tons et entreprirent une lutte dans laquelle ils étaient voués à être vaincus.

Et voici un exemple typique de la profonde-low- macy britannique . Parce que l'envie maniaque d'une nation à l'autre était devenue insupportable même pour les Martiens trompés, les nations avaient signé certains accords pour la protection de ce qu'on appelait les pays tampons, des territoires dont la neutralité devait être respectée au cas où les plus grandes nations abandonneraient un jour. à la guerre. Les Two-Tons avaient signé cet accord, tout comme les Britanniques. Après que les Britanniques eurent tenté d'empêcher la guerre, ils publièrent les lettres et les télégrammes qu'ils avaient échangés à cet effet avec les différents dip-low-mats étrangers. De cette correspondance, il ressort que les Deux-Tons avaient fait une enquête pour savoir si les Britanniques resteraient impassibles ou s'ils prendraient part au bouleversement, au cas où les Deux-Tons déclencheraient le cataclasme international . En réponse, les Britanniques ont soigneusement contrôlé leurs muscles et ont déclaré qu'ils n'étaient pas du tout sûrs de ce qu'ils allaient faire. Peut-être étaient-ils au début indécis. Mais ensuite, l'un des Britanniques dip-low-mats a demandé à l'un des Two-Tons à la poitrine médaillée si Two-Tonia accepterait de n'annexer aucune partie du territoire Fringe. Le Deux-Tonnes répondit que Deux-Tonia s'abstiendrait positivement de toute violation aussi flagrante des préceptes de Nazarrano . Le Britannique, qui avait entre-temps télégraphié à son gouvernement, revint au lourd Two-Ton pour lui demander si sa promesse était également valable pour les *colonies marginales* . Le Deux-Tonnes remarqua en souriant que même NAZARRO lui-même ne pouvait pas s'attendre à ce que la vertu des Deux-Tonnes les pousse jusqu'à s'abaisser à une abnégation aussi absurde. Et comme les Britanniques n'étaient pas soucieux d'avoir un concurrent colonial aux habitudes aussi profondes que celles des Two-Tons, ils ont sans doute décidé sur-le-champ de ne pas rester indifférents. Ainsi, lorsque les Two-Tons ont commencé à traverser le territoire des Bell-Giants et les ont forcés à une légitime défense désespérée, les Britanniques se sont levés en colère et ont fait un hallabaloo bruyant sur la violation du traité de neutralité, et ont utilisé cela comme excuse. pour rejoindre les adversaires des Two-Tons. Ainsi, une fois de plus, ils ont caché leur égoïsme derrière un vernis plutôt transparent de noble indignation et d'idéaux.

Et maintenant, la guerre fait rage, et un chaos insensé règne dans les pays que nous considérions autrefois comme civilisés. Une quantité d'énergie est gaspillée qui, si elle était correctement appliquée, aurait pu conduire à la réalisation de nombreux idéaux sociaux merveilleux, de nombreux espoirs longtemps chéris en vain par l'humanité. Une quantité de richesse est gaspillée dans la destruction qui, appliquée en conjonction avec cette grande quantité d'énergie, aurait pu construire des châteaux d'éducation au-delà de nos rêves actuels, des instituts d'influence spirituelle sur toute la race humaine souffrante. Une quantité de sang et de vie est sacrifiée, comparée à laquelle les sacrifices humains aux dieux d'autrefois deviennent totalement insignifiants. Et tout cela pour la vaine gloire qu'une nation pourrait récolter, en détruisant sans raison la fierté de l'existence, le bonheur, la force, le sang d'une autre. Quel sera le résultat de cette folie aveugle, personne, hélas, ne peut encore le dire.

Ici se produisit à nouveau une pause de silence, et le philosophe martien confia alors au professeur FANSEE quelques nouvelles confidences personnelles. Le pays dans lequel je vis, dit-il, a été découvert par un voyageur entreprenant pour lequel de nombreuses statues ont été érigées et qui est donc communément appelé BUSTE DE COLONNE. Lorsqu'il a découvert notre pays, il s'est exclamé « Eurêka ! ce qui signifie dans l'une des langues martiennes mortes : je l'ai trouvé. À la suite de cette exclamation, mon pays s'est appelé AM-EUREKA. Je peux dire avec fierté, et avec une absence de préjugés humains totalement indépendants de la manie habituelle des nationalités, que mon pays est l'un des rares sur Mars où la petite jalousie et la méchanceté envers les autres nations sont totalement inconnues. Bien que les religions Nazarrano et Darviniano forment un mélange mécanique parmi nous, tout comme parmi les autres nations civilisées, les préceptes Heebron et Nazarrano nous sont par-dessus tout chers ; non pas tant pour leur origine prétendument divine, mais bien plus pour leur caractère humain et bienfaisant. Nous n'avons pas double visage, que ce soit au niveau national ou international. Dans la conduite des affaires ainsi que dans nos relations internationales, nous faisons preuve d'ouverture d'esprit. Lorsque nous disons que nous sommes en faveur d'une paix permanente, nous pensons ce que nous disons, sans cacher aucune motivation égoïste. Lorsque nous disons que nous sommes, s'il le faut, prêts à lutter pour une noble cause, il n'y a rien dans notre esprit que cette noble cause, et nous n'avons aucune pensée secondaire à cacher.

Or, je suis né dans cet hémisphère où se déroule actuellement la lutte et que nous, à Am-Eureka, en raison de nos principes strictement neutres, appelons aujourd'hui VOTRE CORDE. Am-Eureka est devenu mon pays par adoption ; et dans Your-Corpe, j'avais fréquenté des cercles artistiques dont je m'imprégnais d'idéaux extrêmement élevés, tels que l'art pour l'art, la science pour la science , la préférence d'autres objectifs que la chasse à l'argent, etc. Et ne trouvant pas d'idéal similaire dans mon pays d'adoption, j'ai personnellement toujours considéré les habitants de Votre-Corde comme se trouvant sur un plan de civilisation bien plus élevé que celui atteint à Am-Eureka.

Le drame qui se joue actuellement dans cet hémisphère des soi-disant idéaux élevés a complètement changé ce point de vue. Les simples préceptes de NAZARRO et des premiers enseignants de Heebron sont les meilleurs que les Martiens puissent souhaiter pour leur guidance. La fraternité des nations et l'attitude pacifique de l'homme envers l'homme, quelle que soit la région de Mars où il est né, est un idéal au moins aussi inspirant que l'Art pour l'Art. Les idéaux de haut vol et haut et fort proclamés de Your-Rope ne sont pas les idéaux de l'humanité dans son ensemble. Ils ne conviennent qu'à une petite classe d'hommes qui, inspirés par ces idéaux, sont amenés à produire des choses d'une beauté merveilleuse, hautement idéalistes, mais totalement superflues pour le confort et le bien-être de l'humanité. L'idéal de paix des Am- Eurekans , discret, inconsciemment actif dans leur cœur et dans leurs actions quotidiennes, sans prétendre à une supériorité mentale atteignant le ciel, ne convient pas seulement à tous les Martiens, jeunes et vieux, grands et bas, capables et c'est également un idéal qui profiterait à tous les pays civilisés et contribuerait au développement ultérieur de la science, de l'industrie et de la civilisation mentale et physique .

Ici, le philosophe martien semblait avoir été interrompu. Quelques minutes s'écoulèrent avant que les Zee-rays continuent à faire leur travail intéressant. Mon assistant remarque, dit-il par la suite, que Am-Eureka lui-même aurait pu, récemment, entrer en guerre avec un pays voisin appelé MAKE-SICK-O, et que les Am-Eurekans ont en fait envoyé une flotte à WE'RE-ON-A-CROISIÈRE. Et en effet, de telles choses peuvent parfois s'avérer nécessaires. Mais notre comportement dans We're-on-a-Cruise est typique de la différence entre la guerre Am- Eurekan et Your- Ropean . Lorsque nous, les Am- Eurekans , sommes entrés dans We're-on-a-Cruise, il y avait des tireurs d'élite qui nous ont tiré dessus depuis les fenêtres et les toits des maisons. Il faut s'attendre à ces choses lors d'une campagne d'invasion. Les citoyens privés sont naturellement vos ennemis autant que les soldats en uniforme. Alors qu'est ce qu'on a fait? Nous leur avons riposté chaque fois que cela était inévitable. Dans la mesure du possible, nous les avons arrêtés. Nous avons également veillé à ce que tous les citoyens rendent toutes les armes en leur possession. Ce travail accompli, nous avons commencé à améliorer les conditions sanitaires de la commune. Nous avons rendu la ville plus agréable à vivre qu'elle ne l'avait jamais été sous le règne de Makesadan . En revanche, on dit des Deux-Tonnes qu'ils conquirent entre autres une ville appelée Low-Vein située sur le territoire des Bell-Giants. Tout naturellement, ils y trouvèrent des tireurs embusqués. Ont-ils réagi à la situation avec autant d'humanité que nous ? Non ils ne l'ont pas fait. Au contraire, ils furent si passionnément furieux de cette découverte inévitable, qu'ils incendièrent, bombardèrent et détruisirent la plus grande partie de la ville et de ses habitants ; et une ville dans laquelle les bâtiments mêmes étaient des trésors d'art médiéval. Après cela, de nouvelles améliorations sanitaires étaient presque totalement superflues.

Non, même si les circonstances nous ont contraints à envoyer cette flotte, même si des circonstances similaires peuvent à nouveau nous contraindre à des actes similaires, et même si nous pouvons ainsi nous retrouver un jour engagés dans une guerre sanglante avec une autre nation, dans notre esprit et dans notre esprit. nos seins, nous n'avons aucune méchanceté envers les Make- Sickans ou toute autre nation sur toute notre vaste planète. Nous pourrions nous battre, mais le combat étant mené, nous serions volontiers la main et nous sentirions sincèrement désolés d'avoir été entraînés dans une vilaine querelle. Et cela, sans creux , sans manipulation des muscles du visage, avec enthousiasme, comme il sied à un bon sport .

Séparés comme nous le sommes, par un vaste océan, du siège principal de la folie des nationalités, nous regardons sans préjugés, profondément désolés pour les Martiens qui sont obligés de souffrir de ses terribles conséquences, et faisons tout ce que nous pouvons pour éviter au moins la famine qui en résulte. pourrait suivre le terrible sillage de la lutte.

Nous ne prenons pas non plus parti dans cette horrible calamité. Pourquoi traiter un fou d'imbécile et réjouir l'autre en lui disant qu'il a raison ? Nous, de ce côté-ci de l'étang à bascule, ne nous soucions pas de savoir si les Britanniques, les Deux-Tons ou toute autre nation parviendront à la suprématie mondiale, à condition qu'une fois cette suprématie atteinte, ils n'adoptent pas une attitude autoritaire ou ne dictent pas. à nous comment nous devons mener nos affaires. Nous, Am- Eurekans , n'aspirons pas à la suprématie. Nos institutions sont fondées sur l'égalité ; et, en effet, l'égalité et la suprématie ne peuvent pas facilement s'harmoniser. Tout ce que nous aspirons à atteindre, c'est ce qu'un développement sain et propre de nos ressources et de notre intelligence peut nous apporter dans le cours naturel des événements. Tout ce que nous conseillons aux autres nations, c'est d'être assez sages pour ne pas interférer de manière malveillante avec ce développement.

Les Two-Tons pensaient-ils que les Britanniques interféraient de manière malveillante avec leur croissance naturelle ? Ils auraient alors dû se diriger directement vers les Britanniques, sans lancer de campagne contre les Fringe ou les Rush-Nots, et sans passer par un petit pays qui n'avait jamais été accusé d'ingérence malveillante. Les Britanniques avaient-ils l'impression que leur développement naturel était malicieusement perturbé par les Two-Tons ? Alors ils auraient dû régler leur querelle ouvertement et directement avec les Deux-Tonnes, sans attendre profondément une excuse « noble » qu'ils s'attendaient depuis toujours à leur fournir. Nous, Am- Eurekans, croyons en un combat juste lorsqu'un combat ne peut être évité ; déshabillé et sans gants si besoin est ; mais pas de frappe en dessous de la ceinture.

Lorsque la guerre a éclaté, nous, à Am-Eureka, avons remarqué que les hostilités avaient été déclenchées par les Deux-Tonnes. Nous avons remarqué qu'au lieu de limiter leurs activités à l'assaut de la nation qu'ils s'apprêtaient à attaquer, ils se sont frayés un chemin à travers d'autres pays, l'un d'entre eux étant le pays des Géants de la Cloche, contre le désir clairement exprimé par les Géants de la Cloche de contraire. Les Bell-Giants ne défendaient rien d'autre que leur droit de se tenir à l'écart de cette folle lutte ; et lorsque, en raison des limites étroites de leur territoire et de leurs ressources, ils furent vaincus, leurs champs dévastés et leurs villes détruites, nous sympathisâmes naturellement avec les Bell-Giants dans leur sort pitoyable. Il y a des Deux-Tons qui ont émigré dans mon pays d'adoption mais qui sont toujours en étroite sympathie avec la manie de la nationalité bi-tonienne , et qui ont vu dans cette attitude de notre part la preuve d'une mauvaise volonté à l'égard de Two-Tonia. Pourtant, avant ces sinistres événements, aucun signe d'une telle mauvaise volonté ou haine n'avait jamais été détecté. Il ne sera pas non plus possible d'en détecter une fois que la lutte pour la suprématie aura pris fin. Chez Am-Eureka, nous aimons la justice, et la justice implique nécessairement une profonde considération pour les droits d'autrui et un évitement systématique de toute violence passionnée, en particulier de la violence dans la mauvaise direction. Mais les Two-Tons peuvent être à l'aise. Nos sympathies ne vont pas aux Rush-Nots arriérés ou aux deep-low- matic . Les Britanniques non plus. S'ils se livraient à des actes injustes, nous détesterions ces actes aussi nettement chez eux que chez n'importe quel autre Martien. Seulement, même si nous pouvons désapprouver un acte d'injustice dans n'importe quelle nation, cela ne signifie pas que nous soyons malveillants envers la nation en tant que telle, ni que nous manquons d'apprécier la vertu ou la sagesse que cette nation peut posséder.

Après avoir ainsi décrit l'attitude de son propre pays, le philosophe martien a déclaré que ce n'était en réalité pas l'objet principal de ses réflexions. Ce qu'il souhaitait souligner, dit-il, c'est que tout ce déplorable conflit aurait pu être évité si seulement les nations martiennes avaient pris des mesures pour guérir, au moins en partie, la folie des nationalités qui, à tout moment, est susceptible de susciter aveuglément leurs aspirations destructrices. passions. Pour vous, dit-il, à la distance à laquelle vous voyez notre planète, notre globe tout entier doit donner l'impression d'un asile de fous, où la folie des nationalités et la mégalomanie nationalisée sont les deux aberrations mentales les plus répandues. Mais en réalité, nous a-t-il assuré, ces gens ne sont pas fous. Ils sont simplement trompés, emportés par une conception fausse et extrêmement néfaste de l'honneur et de la grandeur martienne.

Mon espoir le plus intense, poursuit le philosophe martien, est qu'un entraînement mental approprié nous permette de réorienter leurs impulsions quasi nobles vers des voies meilleures et plus constructives. Tandis que je contemple les armées en lutte, je vois leurs bannières dressées au-dessus des régiments en plein essor. Mais je vois les couleurs nationales ternies par la fumée de poudre et la poussière de la bataille, de sorte que maintenant les bannières me paraissent toutes semblables ; et sur la surface charbonneuse de chacun d'eux, je vois le mot FOLLY briller dans le rouge vif du sang chaud et jeune. Combien mieux ne serait-il pas de voir dans un avenir proche les mêmes étendards, les marques de distinction nationales ternies par la fumée des usines et la poussière des carrières, et de voir écrit dessus toutes en lettres d'or : POUR LA FÉDÉRATION ET LE BIEN -ÊTRE DE L'HUMANITÉ ; PAIX ET BONNE VOLONTÉ À TOUS LES HOMMES DE TOUTES LES NATIONS.

A ce moment, le professeur FANSEE se souvint d'une question qu'il avait toujours eu l'intention de poser au philosophe martien, mais qui avait jusqu'à présent été évincée par l'intéressant récit du Martien. « Dans quel but, demanda-t-il finalement, vous, Martiens, avez-vous construit ces canaux rectilignes qui traversent votre planète ? Est venue du Martien la contre-question : « Quels canaux ? "Eh bien," répondit le professeur FANSEE, quelque peu déconcerté, "nous sur terre remarquons chaque printemps des lignes droites à travers votre globe, et nous sommes arrivés à la conclusion qu'il s'agit de canaux utilisés pour guider l'eau lorsqu'elle descend des champs de glace en train de fondre à les pôles." « Ah », dit le Martien, « c'est extrêmement intéressant. Des lignes droites, dites-vous ? Laissez-moi réfléchir un instant. Oh oui, ils le sont… »

Ici, une chose étrange s'est produite. Nous avons entendu quelques clics de nature à laisser penser que l'appareil était soudainement tombé en panne. Le professeur examina certains détails de la machinerie, mais ne trouva rien d'anormal. Puis, tout à coup, les communications martiennes reprirent. Avec une rapidité comme si notre lointain philosophe s'était soudainement transformé en maniaque, son message affluait maintenant.

L'une des nations impliquées dans ce misérable cataclasme , connue sous le nom de Chopper-Knees, a-t-il déclaré, a inventé au dernier moment un moteur de destruction surpassant tous les autres en termes de mortalité. Il s'agit d'un énorme globe métallique mince, auquel est fixé un dispositif qui le fait voler dans les airs à une hauteur considérable. L'appareil est chronométré ; de sorte que, lorsqu'il a atteint une certaine hauteur et a dérivé dans une certaine direction, il s'arrête brusquement et, par son propre poids mort, tombe avec une vitesse croissante vers le sol. L'horreur est qu'en atteignant la surface, il explose et répand un épais nuage de fumée, de telle nature que, par une puissante action électrique, il rassemble divers matériaux de l'atmosphère et du sol, de sorte que le nuage , au lieu de diminuer, devient toujours plus épais et plus vaste. Le nuage tue toute vie avec laquelle il entre en contact et on craint qu'il n'encercle la planète entière. Il est garanti de tuer chaque forêt et chaque animal qui vit dans la forêt, de tuer toute créature vivante dans l'eau dont elle touche la surface. Il est garanti de tuer chaque fleur, chaque brin d'herbe , chaque chardon ; tuer l'âne qui mange le chardon comme un mets très désiré , ainsi que les mouches qui harcèlent sa peau touffue ; et comme effet mineur, il tuera également les partisans de NAZARRO qui, selon la légende, parcouraient autrefois les rues de Jairoosolom sur son dos patient. Comme j'ai érigé mon appareil sur le plus haut promontoire de la planète Mars, comme vous l'avez probablement fait de votre côté, je serai le dernier à être attaqué par les fumées mortelles. Je vois déjà le nuage remplir la vallée en dessous de moi. Je le vois monter, monter !...

Et puis, comme si, dans le désespoir de son agonie, il s'adressait à un monde déjà dévasté et à une race déjà anéantie, quelques phrases supplémentaires nous parvinrent du fond de l'espace : Abandonnez vos mesquines jalousies, vos rusés projets internationaux et vos malice. Formez une fédération amicale dont chacun d'entre vous bénéficiera. Établir des cours internationales de justice et d'honneur. Supprimez vos armées et marines nationales et utilisez leurs restes comme gardiens internationaux de la paix. Abandonnez vos efforts vains pour vous laisser guider par une nature aveugle dans le traitement de vos semblables. La morale, qu'elle soit considérée d'un point de vue international ou national, est un ensemble de règles de vie saine, fondées sur les exigences d'une organisation sociale en constante évolution. Il ne s'agit pas simplement d'une limitation respectable de la vie sexuelle. Il englobe la bonne volonté, la loyauté, la justice, l'équité, l'absence de toute pensée et méthode sournoise et l'absence totale d' intention malveillante. Beaucoup de ces lois ont été lucidement compilées dans les manuscrits de Nazarrano . Intronisez donc une fois de plus, sinon la divinité de

NAZARRO, du moins ceux de ses préceptes qui sont réalisables et bénéfiques pour les hommes de toutes confessions et pour les hommes sans foi, pour le genre humain dans son ensemble !... Ainsi seul Prospérerez-vous sans perturbations inutiles, sans bouleversements sociaux, sans calamités industrielles, sans massacres gratuits, et sans l'éveil méprisable de passions sauvages !

L'avertissement martien cessa. Et puis j'ai vu le professeur FANSEE pâlir mortellement ; et tandis qu'il chancelait, comme s'il était sur le point de s'évanouir, il murmura : « J'ai l'impression que mon esprit s'effondre. Cette voix, ce message solennel, est-il venu de l'espace, ou m'est-il venu des monceaux de morts et de mourants qu'il me semble voir dispersés sur les champs de bataille de Belgique, de France et de Pologne ? Était-ce la voix des esprits qui s'en allaient mourir sur notre belle terre elle-même ? « Depuis que nous sommes partis vers ces vastes champs de glace, me dit-il avec un sourire maladif, bien des choses ont pu se passer !

Et puis il s'est effectivement évanoui, et il lui a fallu six heures pour le ramener à lui. Dès lors, il devint évident qu'il souffrait d'une mystérieuse maladie dont il mourut deux semaines plus tard. Le nuage électrique qui enveloppait Mars et pénétrait dans l'appareil communicant avait-il quelque chose à voir avec cette mystérieuse perturbation fonctionnelle ? Mes propres connaissances en médecine sont limitées et nous n'avions aucun médecin avec nous. Ses restes ont été enterrés dans les glaces du pôle Sud. Le problème ne trouvera peut-être jamais de réponse complète.

Et maintenant, alors que je prépare ce récit pour la publication, encore loin de la civilisation et ignorant des événements récents, je me demande si la malicieuse manie de la nationalité, cette terrible aberration mentale à laquelle faisait référence le philosophe martien, aurait pu se développer jusqu'au même mesure parmi l'humanité civilisée sur terre, dressant nation chrétienne contre nation chrétienne ! Je me demande, au cas où cette maladie menacerait un jour de devenir aiguë, si elle ne pourrait pas être facilement guérie par une application sage et systématique du bon sens calme.

Que tous les hommes de bien s'unissent pour éradiquer ce mal !

FINI

www.ingramcontent.com/pod-product-compliance
Lightning Source LLC
LaVergne TN
LVHW040519200726
843493LV00017B/2854